अक्कितम अच्युतन नम्बूदिरी

मलयालम भाषा के शीर्षस्थ कवि।

जन्म 18 मार्च, 1926 को केरल के […] में हुआ। प्रारम्भिक शिक्षा पिता और कुद […] ी आदि भाषाओं और गणित व ज्योतिष […] शिक्षा हाईस्कूल तक ही हो पाई।

आकाशवाणी के कालीकट और त्रि […] पर अर्से तक कार्य किया। केरल साहित्य अकादमी के उपाध्यक्ष रहे। अन्य कई संस्थाओं में भी अध्यक्षीय पदों पर रहे।

प्रमुख कृतियाँ : *वीरवादम्, मन:साक्षीयुडे पुक्कल, इडिञ्ञपोलिञ्ञा लोकम, वेण्णक्कल्लिंडे कथा* व *स्पर्शमणिकल* (कविता-संग्रह) तथा *इरुपदाम नूट्टांडिंडे इतिहास* व *बलिदर्शनम* (खंडकाव्य)। कविता, कहानी, नाटक, निबंध, संस्मरण, साक्षात्कार और अनुवाद की लगभग पचास पुस्तकें प्रकाशित।

केरल साहित्य अकादमी पुरस्कार (1972, 1998), साहित्य अकादेमी पुरस्कार (1973), मध्यप्रदेश सरकार का कबीर सम्मान (2006), केरल सरकार का एषुतच्छन सम्मान (2008) और ज्ञानपीठ पुरस्कार (2019) सहित अनेक पुरस्कारों से सम्मानित। पद्म श्री (2017) से भी नवाजे गए।

15 अक्टूबर, 2020 को निधन।

डॉ. आरसु

मलयालम और हिन्दी के सुपरिचित साहित्यकार और अनुवादक।

मूल नाम : आर. सुरेन्द्रन; जन्म 1950 में केरल के कालीकट में। कालीकट विश्वविद्यालय से शिक्षा पाई। बाद में वहीं और केन्द्रीय विश्वविद्यालय, केरल में अध्यापन कार्य किया।

प्रमुख हिन्दी कृतियाँ : *आधुनिक वातायन से, साहित्यानुवाद : संवाद और संवेदना, अनुवाद : अनुभव और अवदान, एक अनुवादक का एल्बम, स्वातंत्र्योत्तर हिन्दी उपन्यास, हिन्दी साहित्य : सरोकार और साक्षात्कार, मलयालम के महान कथाकार, मलयालम साहित्य : परख और पहचान, भारतीय साहित्य : आशा और आस्था, भारतीय साहित्य का भाव संसार, हिन्दी साहित्य को दक्षिण की दक्षिणा, युग निर्माता गांधी : साहित्य के आईने में, प्रेमचंद : आधुनिक वातायन से।*

ई-मेल : arsusaketh@yahoo.com

त्रिशंकु स्वर्ग

अक्कितम अच्युतन नम्बूदिरी

अनुवाद

डॉ. आरसु

राजकमल पेपरबैक्स में
पहला संस्करण : 2021

राजकमल पेपरबैक्स : उत्कृष्ट साहित्य के जनसुलभ संस्करण

राजकमल प्रकाशन प्रा.लि.
1-बी, नेताजी सुभाष मार्ग, दरियागंज
नई दिल्ली–110 002
द्वारा प्रकाशित

शाखाएँ : अशोक राजपथ, साइंस कॉलेज के सामने, पटना–800 006
पहली मंजिल, दरबारी बिल्डिंग, महात्मा गांधी मार्ग, प्रयागराज–211 001
36 ए, शेक्सपियर सरणी, कोलकाता–700 017

वेबसाइट : www.rajkamalprakashan.com
ई-मेल : info@rajkamalprakashan.com

बी.के. ऑफसेट
नवीन शाहदरा, दिल्ली-110 032
द्वारा मुद्रित

मूल्य : ₹ 150

TRISHANKU SWARG
Poems by Akkitam Achyutan Nambudiri
Translated by Dr. Arsu

ISBN : 978-93-90971-31-2

क्रम

आस्था का आलोक

आठ साल के एक बालक ने एक दिन मन्दिर की दीवार पर कुछ गंदे-भद्दे वाक्य लिखे देखे। उसे पता नहीं चला कि यह किसने लिख डाला है। लेकिन उसके बालमन ने महसूस किया कि दीवार पर जो कुछ लिखा गया है वह ठीक नहीं है। उसका मन असन्तोष का अलाव बन गया। उससे कुछ पंक्तियाँ उपजीं। उसने कोयले का एक टुकड़ा लिया और अपनी ओर से कुछ पंक्तियाँ वहीं, दीवार पर लिख डालीं। उन पंक्तियों का भावार्थ था :

मन्दिर की दीवार पर यों
भद्दी बातें लिखें तो
परमेश्वर आकर
कर डालेगा पूरा नाश।

बालक की लिखी पंक्तियाँ पढ़कर उसके हमउम्र साथियों ने कहा कि यह तो कविता है। साथियों से तारीफ सुनकर बालक ने सोचा, क्यों न मैं लेखन के पथ पर आगे बढ़ूँ? इसको अपना रास्ता बनाऊँ? उसकी यह सोच बाद में साधना बन गई। फिर तो लेखन उसके जीवन का मानो उद्‌देश्य ही बन गया और 94 वर्ष की आयु में भारतीय साहित्य के सर्वोच्च सम्मान, ज्ञानपीठ पुरस्कार के रूप में उसने अपनी शब्द-साधना को महत्तम प्रतिष्ठा पाते देखा।

पिता वासुदेवन नम्बूदिरी ने अपने पुत्र अच्युतन को एक 'ओत्तन' अर्थात वेद शिक्षक बनाने का सपना देखा था। इसलिए पुत्र को उन्होंने संस्कृत सिखाई, वेद और ज्योतिष जैसे विषय पढ़ाए। इससे अच्युतन

की अन्तर्दृष्टि गहन और विस्तृत हो गई। आगे बढ़ने के लिए नए रास्ते और रवैये मिले। घरेलू शिक्षा के बाद अच्युतन जन्मगाँव कुमरनल्लूर (जिला पालक्काड) के स्कूल गए। इंटरमीडिएट तक की पढ़ाई पूरी की, लेकिन उच्च शिक्षा के लिए उन्हें सुविधाएँ नहीं मिलीं। कॉलेज तथा विश्वविद्यालय के द्वार उनके सामने नहीं खुले। तब वे 'राजर्षि', 'योगक्षेमं', 'मंगलोदयम' जैसी पत्रिकाओं के सम्पादन से जुड़ गए। उन्हीं दिनों उन्हें अपने समय के बुजुर्ग और उदीयमान कवियों के सम्पर्क में आने अवसर मिला। 'पोन्नानी कलरी' उनके इलाके की एक अनौपचारिक साहित्यमंडली थी। वे उसके सम्पर्क में भी आए। साहित्य जगत के कई आचार्यों का मार्गदर्शन उनको मिलता रहा। समाज सुधारक वीटी भट्टतिरिपाद और अग्रज कवि इटइशोरी गोविंदन नायर उनके गुरु बने। कुछ सालों के बाद आकाशवाणी में स्क्रिप्ट राइटर के पद पर नियुक्ति मिली तो सूखे जीवन में हरियाली के समान खुशहाली आई। साहित्य-सृजन का सिलसिला आगे बढ़ता रहा और अच्युतन मलयालम साहित्य के मूर्धन्य हस्ताक्षर के रूप में प्रतिष्ठित हुए। अपने पाठकों-प्रशंसकों के बीच वे अक्कितम के नाम से मशहूर हुए।

अक्कितम को मैंने सबसे पहले कालीकट में देखा था। मैं तब कॉलेज का छात्र था। वे एक कवि सम्मेलन में भाग लेने के लिए आए थे। उनकी कविताएँ मुझे बहुत पसन्द आईं और उनकी और कविताएँ पढ़ने की इच्छा हुई। तब मैंने उनकी कुछ किताबें तलाश कर मनोयोग से पढ़ीं। उनकी कविताएँ मेरे मानस के आसमान पर नक्षत्रों की तरह अंकित हो गईं। कालीकट विश्वविद्यालय से अपनी पढ़ाई पूरी कर लेने के बाद भी, उनकी कविताओं का प्रभाव मुझ पर ज्यों-का-त्यों बना रहा, बल्कि समय के साथ और प्रगाढ़ होता गया। अनुवाद में रुचि के कारण मैंने उनकी कुछ कविताओं का हिन्दी में अनुवाद किया जो हिन्दी प्रदेश की पत्र-पत्रिकाओं में प्रकाशित और प्रशंसित हुईं। इस तरह हमारा सम्पर्क हुआ जो पत्र तथा फोन के जरिए बढ़ता गया। कविताओं के अनुवाद का सिलसिला भी बढ़ता गया। अक्कितम की कविताएँ प्रतीकात्मकता और दार्शनिकता से परिपूर्ण हैं। उनका अनुवाद करना आसान नहीं था। कई बार उनके वास्तविक सन्दर्भ और कवि के मन्तव्य तक पहुँचने के लिए अक्कितम से पूछना जरूरी हो जाता था। ऐसे में उन्होंने बार-बार मेरी जिज्ञासा का समाधान किया।

अनुवाद में मेरी अभिरुचि ही थी जिसने हम दोनों को जोड़ा। मैं कई बार उनके घर 'देवायनम' गया और वे भी मेरे घर 'साकेत' आए। कालीकट विश्वविद्यालय के हिन्दी विभाग का आचार्य और अध्यक्ष बनने के बाद जब मैंने दक्षिण भारत साहित्यकार संगम का आयोजन किया तो मेरे अनुरोध पर उसका उद्घाटन अक्कितम ने ही किया था। हमारे विश्वविद्यालय के गांधी अध्ययन पीठ द्वारा आयोजित, गांधीवादी साहित्यकारों के सम्मान समारोह में आकर भी उन्होंने हमारा मान बढ़ाया था। वस्तुतः उनके व्यक्तित्व और कृतित्व में विद्या, विवेक और विनय का अपूर्व संयोग था।

ज्ञानपीठ पुरस्कार मिलने के बाद उन्होंने इच्छा जाहिर की थी कि अब उनकी कविताओं का भारत की अन्य भाषाओं में अनुवाद प्रकाशित हो जाना चाहिए ताकि वे मलयालम से इतर भाषाओं के पाठकों तक पहुँच सकें। उन्होंने मेरा नाम लेते हुए कहा कि डॉ. आरसु ने इस दिशा में कुछ काम अवश्य किया है जिसके लिए मैं उनका आभारी हूँ। अपने प्रिय कवि का यह कथन मेरे लिए प्रेरणा बन गया। तदन्तर मैं सब काम छोड़कर अक्कितम की कविताओं का हिन्दी अनुवाद करने में जुट गया। अनुवाद के प्रकाशन के सम्बन्ध में राजकमल प्रकाशन समूह के प्रबन्ध निदेशक श्री अशोक महेश्वरी से सम्पर्क किया तो उन्होंने उत्साह बढ़ानेवाला उत्तर दिया। हिन्दी के शीर्षस्थ प्रकाशन के रूप में राजकमल अन्य भारतीय भाषाओं के साहित्यकारों की कृतियों के अनुवाद प्रकाशित कर राष्ट्रीय एकता के सूत्र को मजबूत करने में अग्रणी भूमिका निभाता रहा है। उससे सकारात्मक उत्तर मिलने पर मेरा उत्साह और बढ़ गया।

अक्कितम की कविताओं का अनुवाद करना मेरे लिए एक सुखद अनुभव रहा, लेकिन वह काफी कष्टसाध्य भी साबित हुआ। अक्कितम वेदों-उपनिषदों के असाधारण अध्येता थे जिसका प्रभाव उनकी कविताओं पर सहज-स्वाभाविक रूप से पड़ा। मिथक, प्रतीक और आदिबिम्ब उनकी कविताओं में भरे पड़े हैं। लोक संस्कृति और आंचलिक छवियाँ भी उनकी कविताओं में उपस्थित हैं। कई कविताएँ कथा केन्द्रित हैं। उन सबकी सही पहचान अनुवादक के लिए भी अनिवार्य है। उनकी कविताओं में अभिधा के मुकाबले लक्षणा और व्यंजना अधिक मुखर हैं। प्राचीन काव्यशास्त्रियों ने काव्यानन्द को

ब्रह्मानन्द माना है। अनुवाद का आनन्द भी उसी कोटि में आता है। अक्कितम की कविताओं का अनुवाद मेरे लिए आनन्द की उस दुर्लभ अनुभूति का साक्षात्कार साबित हुआ।

इस संग्रह की कविताओं का अनुवाद मैंने उनके जीवनकाल में ही किया था और इसके लिए उन्होंने मुझे आशीर्वाद भी दिया था। अक्कितम ने ज्ञानपीठ पुरस्कार 24 सितम्बर, 2020 को एक समारोह में ग्रहण किया था। उनकी उम्रजनित शारीरिक कठिनाइयों और कोरोना काल की पाबन्दियों को देखते हुए वह समारोह उनके घर के आँगन में ही आयोजित किया गया था। पुरस्कार समारोह के बीस दिन बाद, 15 अक्टूबर, 2020 को उनका स्वर्गवास हो गया था। जब उन्होंने अपनी कविताओं के अनुवाद की इच्छा जताई थी, तब मैंने एक वर्ष के अन्दर हिन्दी में उनकी कविताओं की एक चयनिका लाने का वादा किया था। यह संग्रह कवि से किए गए उस वादे की पूर्ति है और उनके प्रति मेरी विनम्र श्रद्धांजलि भी।

मलयालम की महक तथा नूतन और पुरातन का प्रासंगिक संयोग इन कविताओं में पाठकों को मिलेगा। सुदूर दक्षिण के एक कवि का परोक्ष सान्निध्य हिन्दी पाठकों को इस संग्रह से प्राप्त होगा। आशा है कि एक मलयालम भाषी के सामान्य हिन्दी ज्ञान का यह प्रतिफल हिन्दी पाठकों को मलयालम के एक शीर्षस्थ कवि के रचना-संसार से परिचित कराने में सफल होगा।

मुझे अब भी लगता है कि 'देवायनम' के स्वागत कक्ष में आरामकुर्सी पर बैठकर अक्कितम मेरे सिर पर हाथ रखकर आशीर्वाद दे रहे हैं। परम्परा की निरन्तरता में अटल विश्वास रखने वाले कवि की आत्मा को मेरा विनम्र प्रणाम!

डॉ. आरसु

पूर्व आचार्य, हिन्दी विभाग

कालीकट विश्वविद्यालय (केरल)

त्रिशंकु स्वर्ग

मुँह में पत्थर भरे विदुर

भारत युद्ध का अवसान हो गया
असीम दुःख में डूबा युधिष्ठिर
पुत्रों की पराजय के दंश से
व्याकुल, विक्षुब्ध थे धृतराष्ट्र
इस हाल में आलिंगन किया
उनका युधिष्ठिर ने आकर।
दृश्य यह देख रोने लगे
पांडव फूट-फूट कर
विदुर भी पड़े दुविधा में।
कैसे चलाना है भावी शासन?
माँगा उनसे निर्देश सविनय
तनिक भी न हिलकर
सुनी उन्होंने विनती
उत्सुक युधिष्ठिर ने कहा
सुना दें हमें आखिर
आप भविष्य योजना सविस्तार
पल भर के लिए मौन तोड़ अपना
बोले विदुर—एकांत कानन वास
इसके अतिरिक्त नहीं कोई विकल्प
बस उससे ही मिलेगी
अब मेरे मन को चैन।

छड़ी पकड़ चल रहे धृतराष्ट्र
के संग आगे बढ़े विदुर भी
पीछे-पीछे चल पड़ीं
कुंती और गांधारी मौन।
दीन मूक यात्रा यह देख
बिलखने लगा भीमसेन
पादुकाएँ छोड़ पीछे चले
शेष पांडव अविलंब
हाँफते-हाँफते पीछे आए
हस्तिनापुर के प्रजागण।

फूलों से निकलता अक्षय सौरभ
कबूतरों के सफेद पंखों की फड़फड़ाहट
कोयल की सुरीली कूक
मयूर का मोहक नृत्य
निर्झर के आस-पास
निर्मल जल बूँदों की मुक्ता-माला
अचानक अँधेरे में सुनाई पड़ी
खाँसी की आवाज किसी की
गांधारी, कुंती या धृतराष्ट्र—किसकी थी
किसी को नहीं चला पता।
सूखे पत्तों पर पड़ी होगी छड़ी
शायद उसी की आवाज थी यह।
पीछे चले हतप्रभ कौरव
हस्तिनापुर के नागरिक भी मौन।
यह देख नि:शब्द
बिखरने लगी व्योम पर
आकाश गंगा—भूल गए सब
दूसरों का क्या होगा हाल
थककर सो गए पेड़ों तले।
नींद के अँधेरे में कहीं नहीं
काँटे, कंकड़ हिंस्र जानवर।

पौ फटी—फैला
तब कानन में आनंद
गंगा-स्नान करने आए
हस्तिनापुर-नागरिक
बनाने लगे पर्णकुटी
एक धृतराष्ट्र—गांधारी के लिए
फिर एक कुंती के लिए
बोल उठे विदुर तब अपने
हे प्रजागण—लौट जाइए आप
खुद कुटी बनाएँगे हम
पड़ने पर जरूरत

पांडवों ने प्रणाम किया इस बीच
मध्याह्न सूर्य को
किया नमन माताओं को
धृतराष्ट्र-विदुर का भी
रोना-बिलखना बंद कर
टकटकी लगा खड़े रहे
फिर चल पड़े धीरे-धीरे
मानो पैरों में बँधे थे सिल।

बीत गए छह साल
लेकिन लगा प्रजा को साठ साल
थककर एक दिन युधिष्ठिर
पहुँच गया पुन: अकेला
हिमालय होते प्रात:
पहले चरण छुए माँ के
फिर पूछा, कहाँ गए चाचा विदुर?
'पता नहीं मुझे', कहा माँ ने
खिलाया कंदमूल पुत्र को।

स्नान करने जा रहे थे
धर्मज भागीरथी में
तब देखा बैठे हैं नदी किनारे
विदुर मौन आँख मूँदे
मुँह में पत्थर भरे
कर अभिवादन उनका
कहा युधिष्ठिर ने
हे कुल गुरु, अपने चरण कमलों की
पूजा करने दो मुझे
अचानक खिल उठी एक अद्‌भुत
ज्योति, पड़ी उसकी रश्मि
धर्मज की मूर्धा में
खड़ा हो गया मुस्कुराकर
धर्म सुमन हैं दोनों
पहचानते हैं हम यह मुग्ध मुहूर्त।

नाम क्या है?

"उदात्तता प्रदान की हिन्दी को
कविवर तुलसीदास ने
मिला उनको आदर पूरे भारतवासियों का
कृत्तिवास, माधव कंदली, रामदास
पैदा हुए कई महाकवि, बांग्ला,
असमिया, उड़िया, भाषाओं में
आख्यान किया उन्होंने रामकथा का मनोयोग से।
लिखी कंबन ने तमिल में
पंप ने कन्नड़ में, रंगनाथ ने तेलुगु में
भारत का मंगलसूत्र, बन गई वह काव्य गंगा।
किसने रचा मलयालम में
आराध्य भारत अभिमान वह?"

एक उत्तर प्रदेशी ने जब पूछा यह प्रश्न
गुजर रहा था मैं कुछ साल पहले
ऋषिकेश के लक्ष्मण झूला पुल से
क्षण भर के लिए खड़ा रह गया मैं निरुत्तर
क्यों खड़े हैं निस्सहाय
क्या कवि का भी पता नहीं है?
मुस्कुराते हुए पूछा मित्र ने

रामायण में पैदा हुई मेरी माँ
रामायण में लीन होकर पाया मोक्ष
फिर भी मुझे सन्देह है क्या होगा
उस कवि का सही नाम
एक बड़ा भाई था उनको
नाम था रामन एषुत्तच्छन
बस इतना जानता हूँ मैं।

सीता के अग्नि प्रवेश कांड का
बिंब छा गया मेरे मानस पटल पर
नाम जप में हुआ मैं लीन
आविर्भाव हुआ तब आचार्य का
दीप्त आँखें, मुस्कुराता मुख
बोल उठे मुझसे धीमे स्वर में

प्रश्नकर्ता को उत्तर इस प्रकार देना वत्स
मलयाली को मिली पहली अध्यात्म रामायण
तब एकदम भूल गए आचार्य
अंकित करना अपना नाम।

अवाक् रह गया अब उत्तर प्रदेशी
मानो कुछ भी समझ में न आया हो
पोंछ लिया अपना चश्मा
उत्तर कुछ दे न सका।
तब मैं बोल उठा मुस्कुराते हुए
अध्यात्म ज्ञान की दृष्टि से
परमात्मा की समस्त क्रीड़ाओं की सर्जना के समय
व्यक्ति का नाम हो जाता है बिलकुल गौण।

उत्तर प्रदेशी आगे कुछ न बोला
अंजलिबद्ध, आँखें बंद, खड़ा रहा

पास की झोंपड़ी या बाँबी से
सुनाई पड़ी तब एक आवाज
मंगलवर्षा करती राम नाम की
तुंग हिमाचल प्रांत में उस दिन।

मुनि वाक्य

“बताएँ महात्मन्, भविष्य में
अगर और एक विश्वयुद्ध छिड़ा तो
उसमें मनुष्य के हथियार
क्या-क्या होंगे?”

छेड़ा यह प्रश्न एक पत्रकार ने
मुनि ने दिया उसको उत्तर—
“जिस वैज्ञानिक ने तोड़ा था अणु को
उन्होंने किया था पारायण गीता का

“बता सकूँगा नहीं मैं
अगले युद्ध के बारे में
लेकिन उसके भी बाद के युद्ध में
हथियार क्या होंगे—बताऊँ, सुनोगे?”

जी हाँ, सुनूँगा—आप बोलिए
पत्रकार ने जल्दी की
“वे होंगे मात्र धनुष-बाण
ऐसा बताया था आइंस्टीन ने निस्संदेह।”

सत्य की तलवार की नोक पर
नाच उठती है रोशनी
अगर गिर पड़ता तेरा पसीना
मेरे अंतरंग की ऊसर भूमि में!

बिना धारियों वाली गिलहरी

आजादी हासिल होने के बाद
विदेशी सैलानियों को
आकर्षित करने के लिए
काफी धन खर्च करता है
शंकराचार्य का जन्म देश।
अखबार में विज्ञापन पढ़कर मानस में
अंकित हुआ मोह एक
फिरंगी को जो रहता था
वाशिंगटन के एक कारखाने में।

हर महीने कमाता हूँ मैं पाँच हजार डॉलर
खर्च करूँगा मैं वह राशि
जाने के लिए भारत
लगेंगे करीब पौन लाख रुपये।

"जब धूप है तब सुखाना है चारा
तय कर लिया उसने सोचकर
दो हफ्ते तक भ्रमण करूँगा
श्रीशंकर भूमि में वही होगी
मेरी मास्टर डिग्री"

आगे की कमाई जमा की
उसने बगल के एक बैंक में
पासपोर्ट, वीसा हासिल करने को
उसने किया अथक प्रयास।

पीठ पर लटकाने के लिए एक बैग
उसके अन्दर एक ब्रीफ रखा कायदे से
रात के भोजन की गंध से भरे
चषक के पास सो गया वह दीर्घकाय।
गर्मी-ठंड कम है आज, जानकर उसने
चालू नहीं किया ए.सी. अपने घर में
खिड़की जरा खोल रखी ताकि
सुनाई दे सके सड़क की आवाज।

अगले दिन बेड टी पीने के बाद
गया वह कुछ समय बाहर
आँगन के गमले में आराम करती
गिलहरी ने देखी वह खुली खिड़की
खिड़की के रास्ते वह घुसी भीतर
देखी मेज, देखा गंध भरा
चषक, फिर
घुस गई बैग के भीतर।

भूख मिटाने के लिए क्या कुछ मिलेगा
ध्यान से देखा भीतर
घूमी-फिरी थोड़ी देर तक अन्दर
अवाक् रह गई 'सिब' अब बंद
फिरंगी खरीद लाया नये कपड़े
रखे उन्हें भी बैग में
आईना, कंघी, कैंची, पेस्ट ब्रश
पूरा हो गया काम, मिला चैन।

विमान पार कर रहा था
अटलांटिक सागर के ऊपर से
आसमान में छायी है सुन्दर धूप
बादल में घुल-मिल गए सात रंग

रोचक यात्रा के बीच गोद के बैग में
लगा कुछ हिल-डुल रहा है

धीरे से खोला सिब—देखा तब
गिलहरी की दो नन्ही आँखें।

हँसी आई, सताया नहीं उसे
फुसफुसाया उसके कान में
मैं तेरा दोस्त, तू भी मेरी
मजे से देखेंगे हम भारत।

"यदि काटेगी तू अपने कोमल दाँतों से
मैं खत्म कर दूँगा तुझे
अगर चुपचाप बैठी रही शांत
तो मिलेगा खाना
हॉस्टेस अभी ला रही है डिनर।"

लाल कमल-से खिले
फिरंगी के बाएँ हाथ पर बैठ
पूँछ हिला-हिला कर गिलहरी खाने लगी
चीज, बटर, बिस्कुट।

फिर रूमाल ओढ़कर थैली में
सोने लगी शांत भाव से
सोचने लगा सैलानी, यों इसको पकड़
मेरी झोली में ईश्वर ने ही डाला है
कुछ समय के सफर के बाद

विमान नीचे उतरा पालम अड्डे पर
सोचा सैलानी ने—अब आजाद कर दूँगा
गिलहरी को, बेचारी जाएगी कहीं

खोला उसने बैग झट से
बाहर उछल पड़ी गिलहरी
पूँछ हिलाती रही मानो
मिल गया उसे पका आम।

भूख मिटने पर अमरीकी गिलहरी ने
पूछा भारतीय गिलहरी से
"हम अमरीकियों की पीठ पर नहीं हैं तीन धारियाँ
तुम लोगों को कैसे मिली

रामेश्वर सागर में सेतु बनाते वक्त
राम ने दिया यह वरदान
जवाब दिया भारतीय गिलहरी ने
अंकित हो गया यह विश्व वाङ्मय में।

क्या बक रही है टहनी पर
बैठी गिलहरी, सोचती रही विदेशी
कुतुबमीनार के तले मिलेगी क्या
'पंचनक्षत्र' वाली सही जगह?"

युद्ध नदी

पार कर पाए कैसे पांडव
युद्ध नदी यह भीषण?
चकित होकर सोचते रहे
वेद व्यास घंटों तक
दो छोर इसके हैं भीष्म और द्रोण
जयद्रथ है इसका ज्योतित जल
काला पत्थर होगा कौन
निस्संदेह वह शकुनि
कौन हो सकता है बड़ा मगरमच्छ
निस्संदेह वह शल्य
प्रवाह इस जल का
होंगे आचार्य कृप
ज्वार भाटा वास्तव में कर्ण
मकर मत्स्य के रूप में
तैरते हैं विकर्ण और अश्वत्थामा
भीषण भँवर है दुर्योधन
पांडव कैसे पार कर पाए
नदी यह बहुत खतरनाक
हेतु है मात्र एक केवट
वह साक्षात् केशव!

काल के चौराहे पर

मेरे अंतर में अब
भूत-भविष्य टकराते रहते हैं
कारण कुछ पता नहीं
उमड़ आते हैं कुछ आँखों में
आँसू नहीं हैं वे अवश्य
फिर क्या हो सकता है
तीखा खून, दूध या दोनों मिश्रित
घबराया खड़ा हूँ मैं तन मन से
क्या मर चुके हैं बालि और सुग्रीव
एक साथ, कान में पहुँचती है
आवाज एक विषमय रुदन की।
हे राम, मैं आत्माराम अब भी
किंतु अविराम मेरी जीभ पर
तेरी करुणा होती है स्पंदित

एंड्रोक्लीज

एक

अपने अफ्रीकी मालिक के
गुलाम होकर रहे थे
कई सालों से एंड्रोक्लीज
सुना होगा आपने वह इतिहास,
मालिक की क्रूरता वह
बरदाश्त न कर पाया, आखिर
शरण ली उसने थककर
जंगल की गुफा में।

देखा उसने शेर के पंजे में खून
खड़ा रहा वह निर्भय
शेर के पंजे में लगा काँटा
आनन-फानन में पहुँच गए उधर
मालिक के नौकर-चाकर
कोशिश भी करते रहे वे लगातार
गुलाम को पकड़ने की
खींचकर लाए एंड्रोक्लीज को
नौकर मालिक के सम्मुख
गुस्से में आए मालिक

दाँत भींचकर दिया हुक्म ऊँचे स्वर में—
'इस गुलाम को शेर का भोजन
बनाओ, अविलंब ले जाओ इधर से!'

दो

कसकर बाँधा एंड्रोक्लीज को
निष्ठुर नौकरों ने झट से
पहुँच गए वे गुफा के निकट
क्या चमक उठती हैं गुफा में
शेर की आँखें—देखते रहे वे
पक्की हो गई बात भीतर है शेर
सूँघकर मनुष्य की गंध तुरंत आया वह
भाग गए मालिक के सैनिक तुरंत
गुहामुख पर अब अकेला पड़ा रहा
बेचारा एंड्रोक्लीज थका-माँदा
खुद खड़ा होना भी मुश्किल
देखा शेर ने अपना नया भोजन
सूँघ लिया पहले, अचानक
उसकी आँखें भर आईं
पहचान लिया—'इसने मेरे पंजे का
काँटा निकाल लिया था एक दिन पहले
इसकी रक्षा होगी मेरी भी रक्षा।'
शेर का कृपा-भाजन बना आदमी
उसे मिला हिरण, खरगोश के गोश्त
आदमी आनंद से लेटा शेर के साथ
उसकी माँद में बिलकुल बेचैन।

तीन

काननवास आगे बढ़ा कुछ दिनों तक
गोश्त, फल-वल खाकर पुष्ट हो गया

एंड्रोक्लीज का तन-बदन।
एकाएक एक दिन वह अपने
पुराने मालिक के दरबार में
मेघ-गर्जन के समान, उधर
शेर भी उसके पीछे-पीछे चला।
झट से खड़े हो गए देख शेर को
सैनिक-मालिक एक साथ
मेज पर परोसे स्वादिष्ट खान-पान
मानो पहुँच गया है देवलोक में
बेचारा एंड्रोक्लीज घबरा उठा!
मजे से खाए शेर ने सारे व्यंजन
हुआ उसको बड़ा आश्चर्य
कहा—'मिलेगा इस धरती पर
एंड्रोक्लीज,
एंड्रोक्लीज सा चतुर जानवर शिकार?'

चार

वापस जंगल चला गया शेर
बेहद खुशी में खड़े एंड्रोक्लीज से
कही मार्के की एक बात—
'समझ पाया मैं क्या फर्क है,
जानवर और मनुष्य के बीच।'

जरूर खिलेगी कविता

कवि बनना है मुझे—यह मोह
अगर मन में पनपे तो
क्या करना है बताऊँगा
छोड़ देनी है कवि कामना को
हृदय के स्थल, काल क्षीर सागर में
तैरते हंस के समान
मुग्ध होकर विचरण करके लिखना है।

लिखने के तुरंत बाद सुधार-निखार
करना है मनोयोग से, क्षमा जरूरी
सुई-छेद में धागा डाल रहे आदमी की तरह
आखिर प्रतीत होगा आगे का सुधार
मेरे वश की बात नहीं है—माथे का
पसीना तभी पोंछना।

सागर में अपने आप उठती लहरों की तरह
उमड़ पड़ेगी कविता हृदय में जिस समय
सिर्फ उसी क्षण में लिखनी है कविता
मानव दुःख के बीच कभी-कभार खिलते
आनंद का करना है आचमन

तभी पनपेगी कविता
प्यार करना है उससे
पूजा भी करनी है उसकी
मन कह उठेगा उस क्षण में
सिर्फ यही है सत्य
निमग्न होगा मन उसमें
तब प्रस्फुटित होगा कविता का सोता सहज।

कस्तूरबा का त्याग

भारत बुला रहा है मुझे वापस
कल शुरू होगा जहाज का सफर
मातृभूमि की गोद में
सप्रेम जा रहा हूँ मैं
कल विदा लूँगा
अफ्रीकी भूखंड से
नेटाल में हैं असंख्य भारतीय
स्नेहामृत में वे डुबाते हैं हमें
प्रार्थना करते हैं उनके मन
जहाँ भी गए मिले वहाँ से
कई उपहार, स्नेह प्रतीक
रखे हैं सब मेज पर
शिकारी को मिले शिकार के सिर सा।
रुक गया मेरा श्वासोच्छ्वास
एक विरोधाभास है यहाँ
ये पुरस्कार डुबो देते हैं मुझे
अस्सीम दुःख में निर्दय
ध्रुव-ध्रुव का फासला समझने के लिए
दीवारों के बीच की दूरी नापता हूँ मैं।
चैन से सो रहे हैं मेरे बेटे-पत्नी

बगैर सोये समय बिताता हूँ मैं
चाँदी, सोना, मोती सैकड़ों
उपहार रखे हैं सामने
मोती की एक माला
विशेष भेंट की थी उन्होंने
कैसे कहूँ मैं अपने परिवार से,
लगती है यह स्थिति असह्य
सेवा की तुलना धन से
करने की क्रिया अजीब?
जीवन में पहली बार मिला है
पत्नी को ऐसा आभूषण
कैसे कहूँगा मैं उससे
छोड़ने को यह भेंट!

मानी है उसने
अब तक मेरी बात
उसको मिला आभूषण हड़पने का
मुझको क्या हक
मामूली नहीं है यह बात
उसका यह उपहार
मेरा है, कैसे समझाऊँ
मैं अपने को इस वक्त
असंभव है वह काम
मिला है उसे यह उपहार
मेरी सेवा के जरिए
इस ऐन मुहूर्त में
मैं कुछ लापरवाह
फल की कामना से भविष्य
धूमिल होगा जरूर
सुनी दीवारघड़ी की आवाज
मैं अब पाँचवीं बार
उत्कंठा से झाँकने लगा

दरवाजे से सुबह का सितारा
जाग उठे सारे परिवारजन
व्यस्त हुए नित्यकर्म में
तब भी मैं नापता रहा
दीवारों के बीच की दूरी
आखिर मेरे मन को भाँप
बोले मेरे बच्चे—
कतई जरूरत नहीं है
हमें इस धन-दौलत की
लेकिन खामोश रही
मेरी पत्नी इस पल
थोड़ी देर बाद खुला
उसका मुँह, बोल उठी
दलील देती
"मोती की माला भेंट में
दी थी उन लोगों ने मुझे
स्नेह स्मृति के रूप में रखना उसे
क्या गलती होगा बोलो"
अजस्त्र अश्रुधारा में
डूब गया उनका गाल
उस हाल में भी मैं बोला,
"इसका मूल मेरा त्याग है न?"
तुरंत आया उसका प्रतिप्रश्न,
"आपकी स्वास्थ्य रक्षा के लिए
मैंने रखा था न घर में
महाव्रत, क्या याद नहीं है वह?"
मैं गुजर रहा था मूक क्षणों से
जीभ नहीं हिलती है अब
रोमकूपों में चुभने लगा
नुकीला अस्त्र, काँप उठा मैं
मोती की माला
मेरे हाथ में देकर

बोली बा तब झट से
“नरक तुल्य जीवन झेलते
अफ्रीका के भारतीयों को
समर्पित करती हूँ मैं यह कमाई
जहाज यात्रा शुरू करेंगे अब हम।”

त्रिशंकु स्वर्ग

भाषण न दे सकूँगा हर दिन
कविता लिखना भी ऐसा ही काम है
कुदाली से मिट्टी में मजदूरी करना
मुश्किल है हर रोज, पेड़ पर चढ़ना भी
ऐसा ही काम है यह बिलकुल।
बुढ़ापा नामक सत्व
आदमियों की मूर्धा पर बैठा है
किंतु मैंने जान लिया है—
जो कुछ भी अब तक किया मैंने
वह मेरा अपना नहीं है
जंगल-मार्ग, नदी किनारे
ऐसी जगहों पर गोली खेलते
बचपन में अवचेतन में
बात जम गई थी
यह करनी मेरी ही है
किंतु आज दिन के प्रकाश सा
स्पष्ट बन गई है बात।
असल में सारे कर्म
मेरे नहीं थे, मेरी जय

मेरी पराजय, मेरी नहीं है मेरी नहीं है
मैं ढो रहा हूँ त्रिशंकु स्वर्ग
बहुत वजनदार है, मेरा नहीं है
भली-भाँति जानता हूँ मैं!

चैन से सोने दो आज

आज डाक हड़ताल है
जय हो डाक हड़ताल की
जय हो गाड़ी हड़ताल की
चौबीस घंटे चैन से सो जाएँगे
उसको मिला है आज आशीर्वाद
कई दिनों से बंद थी यह कलाबाजी
उसकी तकलीफ में हमें
जागना पड़ता है सूर्योदय के पहले
फिर बारी-बारी से आएँगे झंझट कई
कंधा थके या मच्छर मारें
जल्दबाजी से चलना है पैदल चलना
स्नान, तिलक, चाय पीना
ये सरल कृत्य हैं अब मजेदार
लेकिन घुसना है कमीज में
भले ही आदमी पसीज उठें
खतम होगी 'डीसनसी'
जब 'बटन' लगाना छोड़ दें
सड़क पर पिघलती है 'टार'
उधर से चलने के लिए मजबूर
चप्पल पर चिपकेगी टार

रगड़ना है उसे पत्थर पर
धोना है फिर पानी में
गड़बड़ियाँ हैं असंख्य,
चौबीस घंटे आज चैन से
सोने दो, कोई जल्दबाजी नहीं कहीं।

गांधी प्रिटोरिया में

प्रिटोरिया में देख ली
मैंने एक नाई की दूकान
तुरंत घुस लिया उसमें
नाई गरज उठा—
मैं नहीं काटूँगा
तुम्हारा बाल
पाश्चात्य देश में जन्मा
आदमी है अभिजात
पैदा हुआ मैं भारत में
अश्वेत मेरा बदन
फिर उलटी दिशा की दूकान गया
ले ली एक कैंची उधर से
आईने के सामने
खड़ा होकर काट लिया
मैंने अपना बाल स्वयं
सामने वाला भाग
लगा बिलकुल ठीक
पीछे का भाग होगा कैसे
कुछ पता नहीं
मनुज को नहीं मिली है

पीछे आँख मैं निस्सहाय!
फिर चला गया अदालत में
मैं रोज की तरह।

मुझे यों देखते ही आश्चर्य से
हँस पड़े साथी वकील
गांधी बोलो क्या गड़बड़ी है
तुम्हारे बालों की।

क्या चूहे ने काट लिया
तुम्हारा बाल आज
उत्तर दिया मैंने
सो बात नहीं दोस्त
नाई श्वेत है, अश्वेत का
बाल काटना अपमान है उसे
तब खुद काटा मैंने
अपना बाल, यही हाल।
हँसी-मजाक सब खतम
पल भर में माहौल
बन गया गंभीर।

आभार एक पिता का

(पहली बेटी की मृत्यु की याद में)

बीत गया एक साल लेकिन
आज भी पिघल उठता है मेरा हृदय
दु:खद स्मृति में मैं
जाता हूँ उधर श्मशान में
ढलक-ढलक आते हैं आँसू
गीला हो जाता है कपोल
कर्कटक महीने की वह
संध्या याद आती है सदा
पिछले साल, इसी समय
तू झड़ गई एक कली-सी
मेरे कर्म की पहली नन्ही-मुन्नी
एक डग मिट्टी के साथ
हवा, बर्फ, बारिश ने मिटा दिया
तेरे दाह के भस्म को भी।

लेकिन आज उग आई है वहाँ एक ओणम लता
नित निर्वाच्य स्वर्ग सौभाग्य-सी
देखता हूँ मैं उसमें तेरा कोमल आकार
सुनता हूँ मैं उससे निकलती बच्ची की तुतली आवाज।

लड़खड़ाते पैरों-काँपती उँगलियों से
पहुँचता हूँ मैं उस चिता भूमि में
जंगल के सूखे पत्तों की तरह
ओणम-लता के धीमे-धीमे समीर हिलन में
मुन्नी, तुझसे सामीप्य का सुख महसूस होता है मुझे
स्पष्ट लिखा देखता हूँ वह घटना तभी
समुद्र-सी आँखों में उमड़ रहे आँसुओं के मध्य
संस्कार के लिए तुझे उठा लिया था।
तन थक गया था तेरे पिता का खुशी में
इस बेटी के सहारे
कायम रहेगा मेरा वंश धरती पर।

तब गिरे मेरे अश्रुकण
तेरे अधरों पर टिके होंगे न?
एक बार चुंबन दूँ तुम्हारे कोमल कपोल पर
अंधे वात्सल्य के वशीभूत हो सोचा था मैंने
पर तभी सोचा, कहीं मुन्नी को दर्द न हो जाए
और खुद को रोक लिया था मैंने।

आखिर बर्फ-सी ठंडी हो चुकी
देह को लेकर मैं इस जगह आया
कोई बोल उठा ऊँचे स्वर में
पल भर में राख बन गई
तेरी यह मासूम लड़की
अधर काँप उठे झुक गया मुख
अनगिनत आकांक्षाओं की आँधी मचल उठी
हृदय-संसार में
चुंबन नहीं दिया मुन्नी को
मैंने तब भी—सिर्फ
खड़ा रहा असमंजस में

एक साल बीत गया
आज मैं इस चिता भूमि में बीती बातें
याद करता खड़ा हूँ।
जब ओणम पुष्प की सुगंध आती है
तब हिलोरें लेने लगती है मेरी इच्छा
फिर एक बार तेजी से
धीरे-धीरे रख देता हूँ अधर
इस पुष्प की रेशमी पंखुड़ियों पर
भूल जाता हूँ मैं शेष सारी बातें
मृत्यु है मिथ्या भ्रम
मेरी आँखें खोल दी तूने
मुन्नी, मैं पिता आभार प्रकट करता हूँ
आँसू भरी आँखों से।

केशवाय नमः

अपनी करनी के लिए
पारिश्रमिक माँगता हूँ मैं
तब कुछ न देकर हाथ
पलटती हे अनाद्यंत रूप,
देता है तू न करते काम को दक्षिणा
बरामदे में बिना कामना से
बैठता हूँ मैं बरामदे में
पान खाकर वैसे ही
हँसी-मजाक उड़ाता है तू
या मेरी आत्मा में छिपी
'मैं हूँ' विचार को तब
तलाशता हूँ मैं हल्की धूप में बैठ
आज अरुणोदय से चालू है वह

सूर्यास्त के बाद की
घटनाओं की हरगिज नहीं जिज्ञासा
सिर्फ रात्रि भोजन की सोच से
हे केशव लेटता हूँ मैं
मन से प्रणाम करके

मेरे कंबल में पीठ के बल पर
नहीं हैं मात्राएँ, घंटे, युग
तेरी करुणा से स्वप्नमुक्त हो जाएगा।

तीन मुहूर्त

बस यात्रा करने की सारी
जगहों पर क्यों कतार में
खड़ा होता है तू?
उसी दिन प्रजातांत्रिक युग का
आरंभ होगा भारत में

मन की तराई में जंगल
उगाते वक्त, बाहर देखते
जंगलों को काट डालते हैं हम
मन के तमाम जानवरों को
पालते खिलाते वक्त
बाहर दीखते सारे जानवरों को
गोली से मारते हैं हम
मन के आदमियों की
आराधना करते हैं हम
बाहर के आदमियों की
करते हैं अवहेलना

आँख बंद कर आईना देखते
संसार से क्या कहेंगे

मंगलसूत्र बाँध कर
सोने का झूला झूलती
मिथ्या के बिना।

शोकनाशिनी

कई सालों से पनपी है
एक कामना मेरे मन में
नदी पापनाशिनी में
एक बार डूब कर
स्नान करना है
हाल ही में मिला मौका उसे
भाग्य कहूँ या दुर्भाग्य
नदी के किनारे पर गया मैं
सूखा पड़ा है नदी हृदय
पलता है वहाँ घना जंगल
बहुत हताश हो गया
तब मेरा मन
जल्दी ही लौटते वक्त
आगे बढ़ने को ताकत नहीं है
नदी की हल्की रेखा को
हवा गुनगुनाती है
होगा वह निरंतर ओंकार मंत्र
जंगल के भीतर से
देता है आशीर्वाद
चार सौ सालों बाद भी

ध्यानलीन जगताचार्य के
प्राण जैसे प्रतीत हुए
मैं जंगल के भीतर न गया
डर था दोस्त लोग हँसी-मजाक उड़ाएँगे।

प्रधानमंत्री

कर्मभूमि में मेरी प्रार्थना है
सारे प्रधानमंत्री भगवत् गीता
मनोयोग से पढ़कर
सार उसका ग्रहण करें।

कृष्ण योगेश्वर ही हैं
और पार्थ हैं धनुर्धर
न्याय भूमि श्रीजय के
लायक है ऐसे कहलाते हैं ज्ञानी।

उद्धरेदात्मनात्मानं नात्मानमवसादयेत्।
आत्मैव ह्यात्मनो बन्धुरात्मैव रिपुरात्मनः॥
इस मंत्रोपदेश से
मन प्रबुद्ध बने लोग।

कर्मण्येवाधिकारस्ते मा फलेषु कदाचन।
मा कर्मफलहेतुर्भूर्मा ते सङ्गोऽस्त्वकर्मणि॥
इस मंत्र के अंकुश से
नियंत्रित होते हैं लोग।

क्लैब्यं मा स्म गमः पार्थ नैतत्त्वय्युपपद्यते।
क्षुद्रं हृदयदौर्बल्यं त्यक्त्वोत्तिष्ठ परन्तप॥
इस मंत्र के चाबुक का
प्रहार मिलते लोग।

कर्मभूमि में मेरी है प्रार्थना
सारे प्रधानमंत्री भगवत् गीता
मनोयोग से पढ़कर
सार उसका ग्रहण करें।

हो सकता है इस प्रार्थना में
स्वार्थ बुद्धि निस्संदेह
मैं हूँ—यह बोध नहीं है तो
प्रार्थना न करता हूँ मैं

बीज में छिपा जादू

एक छोटा-सा बीज
टपकती है उसमें
पानी की एक बूँद
खड़ा होता है उसमें
एक बड़ा वृक्ष
बिजली, कड़क धूप
हवा बारिश से
वह चूर-चूर होता है
अपने आप।

मैं हूँ—भाव प्रबल
बनता है हर पेड़ में
जीभ नहीं है बेचारे को
अपनी बात बाहर करने को प्रकट।
किंतु पेड़ महज पेड़ नहीं
सहारा बन जाता है वह
चिड़िया जानवर मानव को।
चहकेंगी चिड़ियाँ
रोएँगे जानवर
हँसेंगे रोएँगे मानव

संसार से मिला सारा ज्ञान
समाप्त होता है हँसी में
मैं हूँ—भाव कहाँ चमकेगा
प्राण महिमा कहाँ पनपेगी।

मैं जानता नहीं कुछ भी
जब विदित होगी यह बात
ज्ञान की अक्षय निधि बनेगा मानव
इस संसार में ज्ञान का एक ही पर्याय
वह शब्द है 'विनय'
बीज शब्द में लीन अर्थ
विद्या समझ पाएँगे तुरंत।

एक रेड इंडियन सपना

चकित रह गया मैं, जगह है
वाशिंगटन का कनाडा दूतावास
एक सुन्दर सुडौल आदमी ने
पूछा मुझसे आप होंगे हिन्दू न?
दिया मैंने जवाब बेशक
पैदा हुआ भारत में
हल्की हँसी से मेरे कान में
फुसफुसाया चिली से आया किसान
दादाजी ने सिखाया था बचपन में मुझे
भारतीयों का पुराना नाम है हिन्दू
पहना था मैंने ऊनी कपड़ा
वह पुलकित हो उठा
तुरंत शीतल बन गया।
हिन्दू हूँ मैं—यह कहने को
सकुचाता है आज भारतीय
जीभ उसकी नहीं उठती ऊपर
डरता है यही है हाल
स्नेह संभ्रम से किया प्रणाम

बात उसकी सुनी बड़े ध्यान से
मैं हिन्दू हूँ, मेरे परिवारवाले भी

सुना होगा आपने रेड इंडियन शब्द
आज वह बन गई है पुरानी बात
सदियाँ बीत गईं, फिर भी हममें
प्रवाहित है हिन्दुओं का प्राणी स्नेह
अतिथि देवो भवः आदर्श
शाकाहारी आदत स्वप्न समान
चिली बीच में कैसे आया
सोचना अब मुश्किल
तब भी हमारे मन में
बड़ी लिली या कॉपीह्यूविन
फूलों के बराबर हिन्दू प्रेम
मकई, गेहूँ की फसलें
काट ली हैं हाल ही में हमने।

अब ग्रीष्म में नियाग्रा देखने
जा रहे हैं हम, आराम समय में
आगे पूछते हैं वे, आप लोग
किधर जा रहे हैं इस वक्त
माँ और बेटों को बड़ा उत्साह है
सुनने को हिन्दू की कथा
आखिर कहा मैंने—जानते हैं न
चिली कवि नेरुदा को
याद हैं उनकी पंक्तियाँ मुझे आज भी
पूछने लगा वह परिवार एक साथ—
पार किया मैंने संसार को
अपने घर में पहुँचें तो
बूढ़ा सन्देह नहीं करेगा औरों को।

जन्मकुंडली का फल

विस्फारित आँखों से देखा
लगातार आग में चलता हूँ मैं।
आग की ज्वालाओं में डूब कर
स्नान करता हूँ मैं।
मिलता है आग ही भोजन रूप में
लार मिलती है हाथ में
तब भी व्यथा और शिकायत नहीं
उत्सव समान आस्वादन
करता हूँ मेरे जीवन में
भगवान, हृदय स्पंदन सा तू
मेरी आत्मा में नींद खोकर
पलक बंद न करके बसता है
मेरी जीभ पर तेरा पुण्य
मधुर नाम हमेशा टिकता है
मुझे गाली देता है, आदर देता है
संसार में मेरे समान रहते लोग
जल्दबाजी में देखता हूँ मैं
अपनी जन्मकुंडली।
मन में सारे द्वेष और प्रणय
विद्यमान होते हैं उसके पीछे
टिकती है वह जन्मपत्री
नहीं है नफरत किसी के प्रति।

कान्हा की खोज में

अश्रु बूँद से मेरी आँख के कोर से
फिर एक बार काली बन गई कालिंदी
कालीय के विष के समान
कान्हा, राधा पुकारती है
मंदिर के हर कोने में मैंने
दौड़ कर देखा तुझे।
चुभ गए काँटे मेरे पैर में
बहने लगा खून
लहर के कल-कल नाद में सुनती हूँ मैं
तेरी बाँसुरी का नाद
किंतु आँख चौंधती है कान्हा

बस बंद करना तू यह
परीक्षण तू मेरा पति है न?
हे परमात्मा जीवनात्मा को
यों न करें परेशान।

पतंगों से

हे छोटे पतंग, पूछता हूँ
तुमसे एक प्रश्न सरल
क्यों झुंड के झुंड
कूद पड़ते हो तुम?
चाहते हो क्या तुम
आग में कूदकर प्राण छोड़ना
या चाहते हो खा डालना आग?
आग में कूद क्यों मरते हो
क्या इतनी बुराइयाँ जम गई हैं
इस दुनिया में बोलो?
अभी-अभी जन्म मिला है तुमको
फिर कैसे हुए इतने निराश?
क्या सोच लिया है तुमने
यह आग है खाने की चीज?
कैसे दोषी मानूँ तुमको
खैर, निखिलेश्वर से करनी है बात
जब तक प्राप्त नहीं करेगा ज्ञान
तब तक किसी को न दें पंख!

मिस्त्र का एक लोकगीत

पैरिस में बसे छोटे भाई के
फ्लैट में ठहरता था मैं,
कोई किताब पढ़कर।
मन में शेष बचा था एक गाना
किया उसका अनुवाद मैंने।

"नाईल नदी बह रही थी
लहरें थीं बहुत तेज
नदी के उस पार खड़ी थी
वह यों अकेली
नदी के गहरे जल में
छिप, लेटा है एक मगरमच्छ
मेरे मधुर अनुराग पवित्रता की
तह में जमा है प्रबल हर्ष
नदी मेरे पैरों तले भूमि बन जाती है
उछल-कूद की प्रतीक्षा में हैं
पहुँचता हूँ मैं उस भूमि में
जहाँ खड़ी है वह
भाँपता हूँ अपना वियोग दुःख
उसकी पाणी स्वीकारती है

मेरी पाणियाँ वह मेरी छाती के
निकट आ खड़ी हैं"
पढ़ता हूँ मैं गाना फिर एक बार
तुरंत दिखाई पड़ी आँखों के सामने
लाश की नाव पर चलता है
कवि विल्वमंगलम।

कैसे बना संगमरमर

प्रचलित है जनश्रुति एक
दूर-दराज के गाँव में,
पैदा हुआ था उधर एक गायक।
जब मुँह खोलकर गाने लगा
तब तरस उठे पत्थर भी
आते रहे उनको भी आँसू।
धीरे-धीरे बालक बड़ा हुआ
बन गया वह एक नौजवान
मिल गई उसे एक संगिनी
थी वह सुन्दर सुशील दृढ़चित्त
निपट गरीब थे दंपति
तब भी बीते उनके दिन
बहुत अमन-चैन से।

हुकुम मिला गरीब गायक को
एक दिन राजमहल से अचानक
"हे गायक तू आ जा
मेरे दरबार में फौरन
जला देना इधर खुशी की बाती"
गुजारे का मामला है
सोच, उसने माना हुकुम
बहुत मजबूरी से।

नहीं मिटते अश्रुकण सा
एक नक्षत्र खिल उठा अगले दिन
घर के आँगन में उतर आया गायक
देखा एक दफा पीछे मुड़कर
द्वार पर खड़ी है संगिनी परेशान
विदाई के क्षण में होकर आकुल
अँधेरा छाया है अथाह आँखों में
वज्र सी दीख पड़ी उसकी
आँखें हैं बहुत उज्ज्वल।

गायक बन गया दरबार में
आँखों का तारा, मिला अंगीकार
किरीट के मोती समान उधर
लगा उसको दरबार-नर्तकियों के
निर्दय नयन डसते सर्पफणों-सा
कोशिश में लगी वे बनाने को
गायक के पत्थर सा मन में
करने को छेद
पत्थर के नीचे थी सहिष्णुता की
निर्मल निर्झरी, सूख गई वह भी
इस क्षण में स्वयमेव
नूपुर ध्वनियों के ताल लय के साथ
वह गाता गया गाना
बन गया आत्मविस्मृत
अचानक बंद हो गए होंठ
स्तब्ध हो गई सभा
एकदम देखते-देखते
उत्कंठ होकर हँस पड़ा वह एक क्षण
बेरोक बन गई हँसी
गिर पड़ा फर्श पर बेचारा
आँखें छलक उठीं अविरल अश्रुकणों से।

उस नादान आदमी के ऊपर से
ढल गए पहर, दिन, महीने, वर्ष कुछ
ठहाका मारकर तरंगों में भटकते
सूखे काठ की भाँति
अब न रहे दरबार न नर्तकियाँ
राजा भी लीन हो गए चिरनिद्रा में
काफी समय से धरती पर लेटा
गायक न उठा फिर कभी
मटियामेट राजमहल में
जिन्दा रहता है मिट्टी बनकर
उसके आँसू का हाल
समय की ठंड में जम गया
फिर धीरे-धीरे फैल गया
धरती, धरती में लगातार
आज जाना जाता है वह
संगमरमर के रूप में विश्व भर।

कई वारिस आए राजा परिवार में
उनको हरगिज पता न चला
इस गंभीर सत्य का
वे नाचते-गाते रहे दासियों के संग
बड़े आमोद-प्रमोद से
(मूर्खता से बढ़कर कुछ नहीं है
तीनों लोकों में निंदनीय)
काट-काटकर उस सुंदर वस्तु से
बनवाने लगे महल आलीशान
तब भी समाप्त नहीं हुआ
मनोहर संगमरमर—आज भी
जारी है उसका फैलाव।

किसने कब सुनाया था यह
पुराना किस्सा मुझे

कह नहीं पाती मेरी जीभ
वह विस्तार से
क्या नाम दूँ मैं
उसे सत्य के बगैर
मन के बगैर नहीं है
भगवत् मूर्ति कहीं।

होरा और मैं

गणना करके देखा मैंने
होरा पूरा का पूरा
फिर बंद कर रखा
तब मन में उमड़ आई
एक दुःख की छवि
'क्रूर है अब भाग्य'
बारह राशियों में,
शून्यता में विचरते हैं
दस महाग्रह
इस भूमि के साथ।
उनसे उपजती रश्मियों में
जन्म लेता है जीवन क्षण-भर में।
सिर्फ एक ही बिंदु है
स्थल-काल के मोड़ पर।
एक जीवात्मा को यह तरण मार्ग
जीवन के पूरे भाव-रूप
निर्भर रहते हैं उस महाशक्ति पर
जैसे वृक्ष रहता है बीज में।
कुल दस महाग्रह हैं
उनमें छह हैं पाप सूचक

तब मनुज जीवन का
सुख कितना निस्सार!
यहाँ तक परम भाग्यशाली भी
पाता है मात्र अंक चालीस
इधर की जीवन परीक्षा में!
खोल दिया मैंने होरा फिर एक बार
बारीकी से पंक्ति दर पंक्ति देख ली
पूर्वाधिक शक्ति से।
फिर बंद कर रखा, तब घोरांधकार में
बोल उठा भाग्य का मुख—
"दया से दिया था मैंने कर्मेंद्रिय तुझे
पर बदले में मुझे मोक्ष प्राप्ति के लिए
कौन-सा मार्ग बचा है बोलो बच्चा?"

पुजारी राम

काशी-यात्रा को निकल पड़े
पुजारी राम को हमने
काशी में कहीं न देखा
न जाने के रास्ते में
न आने के रास्ते में
देख पाया उसे
मूँछ बढ़ाया राम हठीला राम
दोशा निगलता राम

मूँछ बढ़ाया पुजारी राम
हठीला पुजारी राम
दोशा निगलता पुजारी राम
देखा नहीं कहीं उसे काशी में
न जाने के रास्ते में देखा
न आने के रास्ते में देखा
क्या वह काशी नहीं गया होगा
क्या वह काशी से लौटा नहीं होगा
क्या काशी उसका मायका होगा
काशी यात्रा को निकल पड़े
पुजारी राम को देखा

कहीं नहीं काशी में
न जाने के रास्ते में
न आने के रास्ते में
पुजारी राम को देख पाए।

विपर्यय

यज्ञाधिकार, मात्र अज्ञान पीठारूढ़
मनुष्यों को देना है तर्क यही है तो
चंद्रगोल में सूली के निशाने
खींचने वालों को किस नाम से पुकारना होगा?
चर्मचक्षुओं को अगोचर
युगसत्य अगर मिट गया है तो
अगोचर विद्युत प्रवाह के बल पर
चालू युग को क्या पुकारना होगा?

सुबह-सुबह जाग उठकर देखेंगे नहीं
कैलेंडर में तिथि, लगता है अगर समय मिथ्या
हाथ में पकड़ जोश से फहराते
झंडे को स्वाहा करें तो क्या हानि होगी?

बदल गया है युग, आज विद्युत कण को भी
मछली की सी बारीक आँख से देखती
कूर्म बुद्धि तेज है, तब पुरानी छेदवाली घड़ी को
पूर्णता में डुबोकर, फिर उसमें क्या डूबना होगा?

विज्ञान

रेलगाड़ी में बैठा एक बुजुर्ग
पकड़ मोती की माला
लीन मनका फेरता-जपता
यात्रियों की खचाखच भीड़
बाहर-भीतर शोर-शराबा
मगर बुजुर्ग बैठा इनसे लापरवाह।
देख यह हृदय समीप बैठे छात्र ने
विस्मय से पूछा—"लगता है आप पढ़े-लिखे
फिर कैसे फँसे अंधविश्वास में?"
मिला उत्तर तुरंत, "सो बात नहीं
क्या डींग मारता है तू?"
साफ इनकार कर बोला छात्र,
"मुझे अडिग आस्था है विज्ञान में"
बुजुर्ग की आँखें छलक उठीं, पूछा
"बोल भैया यह विज्ञान है क्या?"
आई छात्र की प्रतिक्रिया
आपको तंग करने में मुझे है दिक्कत
खामोश बैठे दोनों कुछ क्षण।
गाड़ी तेज चली आई ऊँची आवाज
कुछ शांत होने पर छात्र ने की विनती

"पता देंगे तो भेज सकूँगा
विस्तृत विवरण विज्ञान का
तब समझ सकेंगे आप सब कुछ।"
जेब से एक पर्ची ले दिया उसको
आँखें टिक गईं कार्ड पर
कल्प कई उड़ गए एक साथ
मानव-भावों की गहराइयों में!
कार्ड पर लिखा पता था—
लूई पाश्चर—डायरेक्टर
साइंटिफिक रिसर्च-पेरिस।

चक्र

घूमता रहता है सदा
विद्युन्मय चक्र एक
विजय के हाथों में
एक क्षण भी रुकने का
नाम नहीं लेता वह
किसी को याद नहीं है
उसके रुकने की बात
कुछ लोगों को होती है
आँख के भीतर एक आँख
बताते हैं ऐसे लोग
भले ही गोलाकार होते हैं
घूमते वक्त यह चक्र
लेकिन घूमना जब बंद होगा
बनेगा उसका आकार चौकोर।

संदेह

दुःख ज्वाला जब पकड़ती है
साड़ी पल्लू बन, दुश्शासन
धर्माधर्म-अरण्य के अँधेरे में
पसीने से तर जाता हूँ मैं
सामने बरगद डाली पर बैठ जाता है
मुनि जन्म मानस विहारी।
बाँसुरी वादन करते रम जाता है
त्रिलोक का मूलाधार चैन से
खंभे पर, जंग पर बैठ
मेरे प्राणों को चूमता है प्रणयांध
टपकता है पंचमराग मेरी शिराओं में
छलकता है क्या तब पंचामृत?
जिह्वा, अलिजिह्वा में
उमड़ आता है पवित्र ईश्वर नाम
पूरे जीवन में फैलता है तब
अनोखा माधुर्य भरपूर।

दौड़, कोशिश करता हूँ जब
स्पर्श करने को दिव्य चरण
पता लगता है निष्फल कामी को

भावावेग में बन जाता है निश्चल शिला
पोंछ डालेगा कब वह कोमल हाथ
आँसू महाशिला अहल्या के
छोड़ देगा अंजनवर्णी कब
अपना निरंजन भाव
बोल कान्हा क्या यह
निस्पंद भाव ही मोक्ष
यह निस्पंद भाव ही परितोष?

शिल्पी

कई वर्षों के पहले की बात
एक महान शिल्पी बैठे
कुछ देर तक आँख मूँद के
ढूँढ़ने लगे वे अपनी आत्मा में
तलाश सके एक अनोखी बात
एक अनबुझे दिये की बाती से
सिनेमा के साथ विश्व चित्र
देख पाए किंचित् दृश्य आत्मा में
फिर उतर गए उसमें
एकांत में खड़े रहे कुछ देर तक
कुछ दशकों की यादें उमड़ आईं मन में
फिर खुल गईं शिल्पी की आँखें
सामने दीख पड़ा एक विशाल गोपुर
सोचने लगे वे किसकी होगी
यह सृष्टि अनोखी, विस्मय बढ़ा
विश्वास नहीं आया दृश्य पर
मैंने ही बनाया था वह गोपुर
बहता नहीं है कोमल
जीवन का दैन्य—कितना सुन्दर है
कठोर पत्थर का वह शिल्प

नित्यानंद की गहरी खाई में
तुष्टि से बैठा था आज तक।
उभर आया उत्कृष्ट भाव
चारों ओर दीखे वदनों पर
किसी दर्शक ने तब नहीं दी थी
शिल्प को देखकर बधाई
तब भी प्रसन्न थे
वे मन ही मन
दर्शकों की आत्म विस्मृति से
बढ़कर क्या है श्रेष्ठ शिल्पी को
आखिर देखा शिल्पी ने
अपने पैरों तले रेंगती हैं
छोटी-छोटी चींटियाँ
सोचती हैं वे हिला-डुला
सकेंगी हम इस गोपुर को
काटती हैं रोष ईर्ष्या से
गोपुर नीचे से मेहनती हैं वे
मचल उठा मानस शिल्पी का
स्याही बूँद गिरे स्वच्छ जल समान
हिलकर मिट्टी में मिलेगा
यह ऊँचा उत्कृष्ट गोपुर
भूत वात्सल्य के बल पर
देखने में कितनी छोटी है यह चींटी
हे ईश्वर, तूने क्यों बिखेर दी
महांधता इसके मन में!

अपन्हुति

लिखता हूँ मैं हाथ से
उँगली से, कलम से स्याही से
ललक प्रबल बनें तो
जिगर की डाली पर
आँख मूँद बैठती है प्रज्ञा,
पंख कायदे से रख,
सो जाती है सानंद
तब चालू नहीं होता लेखन
हाथ, उँगली स्याही, कलम
सब बंद होते हैं
निष्कपट होकर मुँह में
आईं कोमल सहज बातें
बन जाती हैं अपन्हुति
खड़ा होता हूँ मैं अवाक्
लिखता है कौन?
मेरी धमनी के क्षीर सागर में
मूलाधार बन, जाग उठता
तू कौन है जरा बोल।

आँखों के सामने चकाचौंध
पैदा करती रंग-बिरंगी रेखाएँ

कान को शीतलता देती
मोहक स्वरवीचियाँ
रसना को लुभाती मिठास
नाक को सुगंध देतीं चीजें
पुलक देते कोमल स्पर्श
प्रकाश बिखेरते सत्य
पंचेंद्रिय खींचातानी करते हैं
पाँच दिशाओं में मुझे
तब बल से पकड़, रोता हूँ
कृष्णा के समान तड़पता हूँ मैं

जीवन तृष्णा की नग्नता बुद्धि को
मुक्त करेगा कब सप्रेम
बोलो काल हे चक्र संचालक
तेरा मोहक नीलांबर।

नहीं है कोई जल्दबाजी
आखिर मैं अपनी बाँसुरी लेकर
बजाने की कोशिश करता हूँ
तब ऐन क्षण में उसका
गायब हो जाना
बड़ी दुःखद बात है
किसने चोरी की होगी
उसके दाता तेरे बगैर?

कौन बनना चाहता है तू?

पाँच वर्षीय पोते को
बढ़िया मिठाई देकर
दादा ने पूछा प्यार से
भविष्य में तू कौन बनना
चाहता है बोला मुन्ना
मजे से मिठाई खाते वक्त
ध्यान न पड़ा प्रश्न पर
मिला नहीं कोई उत्तर दादा को
थोड़ी देर बाद दादी ने
गाल पर दिया उसे एक चुंबन
दादी बोली, मुन्ना
मैं बीमार पडूँगी तब तू
आएगा न डाक्टर बनकर
मुस्कुरा उठा मुन्ना
दादी ने फिर पूछा
मोह है क्या मन में
इंजीनियर बनने का बोल
उत्तर मिला उनको पोते का
मैं बनूँगा—मैं
पास खड़े परिवार जन
खड़े सिर झुकाए अपराधबोध से!

पत्थर तोड़ने वाले

तोड़ता हूँ मैं पत्थर सड़क के
छोर पर बैठकर, ढले कई
दिन, महीने, साल—इसी हाल में।
आरंभ की स्थिति है आज भी
मुँह खुला रहता है असहाय सा
क्यों अवतरित नहीं होता
करुणानिधि जगदीश
मेरे सम्मुख अन्न रूप में
क्या सूनेपन के बगैर कुछ नहीं
स्थल-काल के इस चौराहे पर?
काले-कलूटे बादलों ने ढक लिया था
कल आसमान का चेहरा देर तक
आज सूर्योदय होते ही हुआ आश्चर्य
ईश्वर ने धो डाली पूरी कालिमा
आसमान पर छा गया अब
स्वच्छ सुनहला मोहक रंग।

निश्चित है एक बात
नित्य सत्य यही मालूम
जीव प्राणियों के देवालय में
प्रज्वलित रहेगी अनश्वर शून्यता!

तोड़ता हूँ मैं पत्थर
सड़क के छोर पर बैठ सालों से।
भाग्य रथों में भटकते-दौड़ते
हे हँसमुख नौजवान, सुनो एक बात
आया था मैं इस सड़क पर बचपन में
हथौड़े से टुकड़ा-टुकड़ा कर दिया
करोड़ों काले कंकड़ याद है
फिर बिछाया सड़क पर
पता नहीं था आरंभ-अवसान का।

ढल गए साल अनगिनत
बन गया मैं पिता, फिर दादा
दोपहर की कड़ी धूप में
कंकड़ तोड़ता हूँ मैं आज भी
तुम्हारे बेटे होंगे कार के मालिक
उनकी गाड़ियाँ जाएँगी इधर से
तेज रफ्तार में रोज-ब-रोज
वे फँस न जाएँ बालू में
कदाचित् मेरा मुँह पड़ जाएगा
उनकी गाड़ी के नीचे एक दिन
किंचित् आशा है मेरे मन में।
क्या सूनेपन के बगैर कुछ नहीं
स्थल-काल के इस चौराहे पर?

अश्वत्थ

"लीन होते हैं जो शिवपूजा में
करूँगा मैं उनको सरासर नजरअन्दाज
तनिक भी बात नहीं करूँगा मैं
ऐसे भक्तों से भविष्य में।"
"लीन होते हैं जो विष्णु-पूजा में
करूँगा मैं उनको सरासर नजरअन्दाज
तनिक भी बात नहीं करूँगा मैं
ऐसे भक्तों से भविष्य में।"
बरगद-चबूतरे पर ध्यान से
पालथी मार बैठते क्षण में
दोनों आँखों से घूरते हैं
फिर गरज उठते हैं दो मौनी
प्रदान कर दोनों को शीतल छाया
अटल खड़ा है अश्वत्थ निश्चल
पार कर सहस्राब्दियों को
निरंतर बढ़ता धर्म पैतृक।

स्वयं संवाद

आपस में लड़-भिड़कर
मर जाते हैं आदमी
क्या चल बसे आदमियों में
कोई वापस आया है याद नहीं।
सत्य को प्रतिबिंबित करते
आईने में अब तक
देख न पाया जन्मजात दुश्मनी
पूर्व या वर्तमान युग में।
अँधेरे की मोटी-मोटी परतों में
क्या मानवराशि भूल गई है प्रकाश?
प्रतीक्षा थी धीरे-धीरे आएगा
अँधेरे के बाद आएगा प्रकाश
क्या आशा वह बुझ गई है आज?
यह घुटन किसकी है सृष्टि
कैसे उगा अहंकार का अंकुर
पहले मेरे मन में
किस अज्ञता की बेहोशी से
निकल आई प्रतिहिंसा की लपट
किसी को पता नहीं।
कौन किसकी शरण के लिए

पुकारता रहता है
जैसे तंग रास्ता जंगल को
जो रहता है बिलकुल निर्जन?
रोना-बिलखना सुनने पर
खोलते हैं सिर्फ आधी खिड़की
नहीं हैं इधर खुला दरवाजा!
भिन्न विचार रखते सहयात्री
जानते नहीं हैं आपस में
एक साथ उठते हैं किंतु
बातें नहीं करते दिल खोलकर
स्मृतियों पर पड़े दाग-धब्बे
पुनः खरोंचकर चोट बनाते हैं
कब तक शांत हो जाएँगे मान-अभिमान
काल लेप के करुणामृत से?
हे अरूपी मित्र क्या तेरे वादे
तलवार से विकसित तोप?
परम चेतना के रूप में शोभित
हे लाल खोल तेरे भाल की आर्द्र दृष्टि!
सारे मनुष्यों को एक ही विकार
सारे मनुष्यों को एक ही विचार
सारे मनुष्यों को एक ही विषाद
सारे मनुष्यों को एक ही विनोद
क्यों बाँट लिया कई भागों में
बाँध लिया मानविकाभास?
क्यों चीरफाड़ करते हैं हम
भविष्य की मानवराशि के आनंद को?
समान बनें मनुष्य मंत्र
समान बनें मनुष्य तंत्र
समान बनें मनुष्य यंत्र
समान एक ही परम स्वतंत्र!

कविता से विदा लेते क्षण में

जिसके संयोग से
जाग उठता हूँ मैं
जिसके वियोग में
सो जाता हूँ मैं
गायब हो गई
वह काव्यांगना अब
गिर पड़ा मैं असहाय
निर्वात गेंद समान।
अशोभन है यों जाना

तब भी बैठा हूँ मैं निहार
हजारों कोमल दृश्यों के बीच
एक वीतरागी सा।
रावण ने की थी
सीता की चोरी
लेकिन वह बैठी रही
राम की प्रतीक्षा में
एक पर्णशाला में त्रेता युग में
अब मेरा मन भी
गुजर रहा है उसी हालत से।

किंतु कभी-कभार दीख पड़ते हैं
कुछ पके बाल इधर-उधर
तब मच जाती है भीषण तूफान
मेरी भग्न आशा में
"क्या इतनी निष्ठुर है तू"
तपसिद्धि का कमंडल
ऊपर उठा, गरजता हूँ मैं
"सोने के हिरण के पीछे-पीछे
मारा-मारा फिरा था न?
वह अपराध याद है न
शेष सब तेरी मर्जी।"

निषाद और मनुष्य

बगैर ताला लगाए घर में
आ, ठहरने लगा एक निषाद
भीतर से साँकल चढ़ाया
ठीक-ठाक से उसने
दिक् सारे गूँज उठते समान
सुनाई पड़ी उसकी आवाज
खर्राटा न हुआ बर्दाश्त
कुछ समय बाद आया
मकान मालिक निहारा दृश्य
खटखटाता रहा द्वार
वह कुछ न हिला न डुला
शोर-शराबा किया गाँव ने
मगर निषाद पर पड़ा न असर
गरज उठे गाँववाले—
स्वाहा कर देंगे हम घर
मना किया मालिक ने
रोष में आए गाँववालों को
"नहीं ऐसा मत करना
भटकूँगा मैं जंगल में

न मिलने पर मंगल उधर भी
नदी में कूदकर मैं
करूँगा जीवन लीला समाप्त।"

एक रहस्य

पहुँच गए एक दिन आलोचक
कवि से मिलने अचानक
बोले वे कवि से
अपने मन की बात
"देश खो बैठे राजा हैं
आज आपको समझनी है हालत।
कथाकार सँभालेंगे अब
अधिकार की बागडोर
कवियों को कौन सुनेंगे-पढ़ेंगे
बन गया उनका स्थान गौण
हाँ, आपको अवश्य मिलेगा
सिर्फ एक वोट, इतनी सी बात
क्या आप कवि लोग तंग नहीं कर रहे थे
पाठकों को निरंतर?
अब हालत बदल गई आमूलचूल
आपकी तकदीर में है आगे
छंद-अलंकार का बोझ ढोना
अगर आगे भी कुछ कहना
चाहते हैं आप लोग पाठकों से
सहारा लेना होगा सीधे गद्य का।"

दोनों हाथ जोड़कर खड़ा कवि
सोचने लगा क्या कवि बनेगा बेवकूफ!
मुस्कुरा उठे वे, रखी मन की बात
"क्या सत्ता सँभाला था मैंने कल तक
साहित्य साम्राज्य में—तनिक याद नहीं"
आलोचक की बात लगी आश्चर्यजनक
कहना चाहा एक सच उनके कान में
"जब कविता गाना शुरू करता हूँ मैं
आत्मविस्मृत हो जाता हूँ
यही इस बेचारे का हाल
अशक्त हूँ मैं अपने ऊपर भी
शासन करने को यही है सच।"

दुनिया का हाल

झूले में लेट, सो रहा बच्चा
अचानक जाग उठ, रोने लगा
झट से नीचे आई
दूसरी मंजिल से माँ।
चालू किया ही तुरंत टीवी
बह आए चित्र-विचित्र
चाकू लेकर आता है एक आदमी
मारता है दूसरे को
देखता रहा मासूम बच्चा
भौंकने-थूकने लगे पिस्तौल
बाहर निकला धुआँ बेरोक
मासूम बच्चे ने देखा सारे दृश्य
आर्तनाद, रक्तपाद, नीचे गिरता मुंड
सब देख चुप लेटा रहा बेचारा बच्चा।

चींटी

खड़ा है घर के आँगन में
मातल नारंगी का एक ऊँचा पेड़
चारों ओर फैली है उसकी
हजार टहनियाँ, लटकते हैं फल असंख्य।
एक नारंगी के नीचे एक छोटी सी चींटी
छिलके पर नहीं पड़ती है
सूर्य की राशि हरगिज
उस पर रेंगता है एक कीड़ा
खुशबू फैल जाती है सर्वत्र
कीड़े को पता नहीं चलता इसका।
सोचता हूँ मैं इस कीड़े से भी
छोटा हूँ मैं भूमि गोल में
लेकिन मेरी इच्छाएँ
भासित होती हैं चन्द्रगोल में
अचानक आए हवा-झोंके में
झड़ गया नारंगी नीचे कीचड़ में
नजदीक खड़ी चींटी को निहार,
खड़ा हूँ मैं असंख्य वर्षों से।

त्रिवेणी में

पहुँच गए गुरु व शिष्य
करने स्नान एक साथ
पुण्य त्रिवेणी संगम में।
स्नानवेला में वंदना की उन्होंने
उन्मेष पूर्व उषा संध्या की
भूमि भी डुबकियाँ लेने लगी
अरुण सूर्य की किरणों में
शिष्य ने पूछा अंत में
"यही ब्रह्मानंद है न?"
मुस्कुरा उठे गुरु
दिया उन्होंने संकेत
"वत्स, समझना वह है आकाशगंगा
यह देवनदी सुरजा
बरसेगा इधर सुरलोक
आदित्य का अनुग्रह
यह अनोखा नदी संगम
यह जलाशय शांतिदायक
इधर धरित्री में प्रतिबिंबित होंगी
आसमान की सारी चीजें!
भागीरथी, यमुना नदियों का

जब नष्ट होगा अस्तित्व
तो इधर भूमि के नीचे
शोभित होगी सरस्वती"
यह सुन, शिष्य मानस में
उठा एक संदेह—
"जब वाक् और अर्थ का मिलन होगा
तब ऐसा आनंद मिलेगा न?"
करते रहे गुरु निरीक्षण
दोनों पुण्य नदियों को सस्पृह
"इनमें संगीत कौन सा?
इनमें साहित्य कौन सा?"
शिष्य को याद आई झट से
पहले रही बातें अविलंब
"आपाद मधुर कौन सा?
आलोचनामृत कौन सा?"
पुलकित खड़े गुरु
पुन: हँस पड़े
"आसमान से नीचे गिरी
नदी है भागीरथी
बात यह सुविदित।
वत्स, मुझे सिर्फ इतना कहना है
भूगर्भ में बहती
नदी है सरस्वती।"

सत्य है या कल्पना

जागृति के क्षणों में हे देवी,
चरण स्पर्श करता हूँ मैं तेरे
जो लगते हैं आनंददायक,
पता नहीं फिर भी मुझे
क्यों न मिला आत्मशांति का चिदानंद?
यह बात पूछने के लिए
माणिक्य शोभा बिखेरी
तेरे स्वर्णपीठ के निकट आकर
खड़ा रहता हूँ मैं काफी समय।
तब उस पीठ पर देखता हूँ मैं
अपने को ही अद्‌भुत!
इस अनोखे क्षण में
मेरा दुःख और तेरा सुख
ये नहीं हैं अलग-थलग!
वैसे ही देखकर प्रणाम करूँ
यों सोचता हूँ मैं।
अपनी बुझी बाती जलाकर
वापस आया मैं उधर से।
कंकड़, काँटा, कीचड़, अँधेरा
इनसे भरे तंग रास्ते से

चलना पड़ा मुझे
अचानक सुनाई पड़ी
एक मीठी हँसी पीछे से।
मन में उमड़ आई तब
एक आशंका क्या यह सत्य है या कल्पना?

धर्मसूर्य

अगर देता है कोई तुझे
प्यास में एक घूँट पानी
करना है तुझे उसका
सत्कार शानदार भोज से।

अगर देता है कोई तुझे
निष्कलंक मुस्कान
करना है तुझे उसका
नमन पैरों पड़कर।

अगर बचाता है कोई
खतरे में तेरा जीवन
मर मिटना है तुझे
उसे देने प्राण।

करता है अक्लमंद
गुण मन, कर्म से
दस गुना गुण भी
होगा कम साथी को।

देते हैं महात्मा
भलाई आदर समेत
बुराई के बदले
श्रेष्ठ ये आदर्श।

करम चंद ने सीखी थीं
बचपन में ये पंक्तियाँ
मातृभाषा की यह कविता
लगी थी मोहन को मोहक।

फिर बन गया
वह उत्सुक
करता रहा परीक्षण
जीवन में निरंतर।
चकित हो उठा काल
आगे बढ़ा करम चंद
बन गया महात्मा
दिन ब दिन।

खुद बोल उठा युग
यह धर्मसूर्य है न?
काश! हम नहीं करते
काल में प्रयोग।
भटकते हैं हम
दो पैरों से
अहंकार से
अंधकार में हरदम!

आपबीती

प्रण किया था मैंने कई बार
अब कविता लिखना छोड़ दूँगा
किंतु बने सारे वादे विफल
बागडोर बुद्धि की टूटी
जीवन की आपाधापी में
बना मरीज महीनों से
जान न पाया फर्क दिन-रात का।
मट्ठा-चटनी का स्वाद
बन गया बराबर
नींद कहीं भाग गई
स्वप्न बन गया रोड़ा
अज्ञात आवाजें गूँज उठती हैं
रह-रह कर हृदय में
मेज पर रखी ढिबरी में
भरता हूँ ठंडा पानी
मुझसे मिलते सारे उत्तर अटपटे
पढ़ता हूँ अखबार ऊपर से नीचे तक
अचानक भूल जाता हूँ अपने आपको
बीच-बीच में लिखता हूँ
कुछ छोटी-मोटी कविताएँ

तब मिलता है दिल को कुछ दिलासा
उस दिन मैं जाग उठा झट से
पास खड़ा है मुन्ना—वह चाहता है
पिताजी का पुचकार-चुंबन।
डाँटती है माँ—"तू बना है कंकाल"
पत्नी की विनती—"काश ये लेते जरा दवा"
प्यारे भाई का उपदेश
"करना महीने भर आराम"
मेरी आँखें छलक उठती हैं
स्वजनों की स्नेहिल बातें सुनकर
उनके दिल हैं कितने उदार
काश! शेष जीवन में उनकी
सेवा-टहल कर पाता,
किंतु मैं हूँ थका-माँदा सालों से
अपनों से रहा मैं कृतघ्न।
फिर निहारने लगा मैं प्रकृति को
सूर्य-चंद्र का निकलना-डूबना
समय के सख्त पाबंद
तब भी आसमान की बात अलग
बदलती रहती है गति उसकी।
बारिश आती है तब मैं सिर झुका,
लिखने बैठता हूँ मेज के पास
बर्फ घेरती है सिर को
एक उलाहना आया यों
बैठा है इधर एक आदमी
करता नहीं है पालन अपने जीवन धर्म का
बैठता है अपनी मर्जी से क्या कहें!
किंतु बाह्य संसार अपना
नयनारविंद खोल देखता है
बेहद आश्चर्य ईर्ष्या से
आराधना करता है बेचारे कवि का।

अनश्वर का गाना

हे देवी, जब मैं तेरी
याद करता हूँ, उड़ दूर जाते हैं
कोटि-कोटि युगों से
मेरे हृदय में बसेरे बनाई
व्यथाएँ पूरी की पूरी।
पौ फटते ही धरती पर
उतर आती हैं सूर्य रश्मियाँ
गायब होती हैं तब परछाइयाँ
इधर भी हाल वही।
समीप हैं जुही के गुच्छे
सुगंध उसकी फैल जाती है सर्वत्र
अनुभूत होता है तब भगवत सौभाग्य।
बह आता है मंद समीर दूर से
अनुभूत होता है तब भगवता संगम
चुंबन के लिए लालायित
जिगर के अधर काँप उठते हैं
मुँद जाती हैं आँखें
बंद होते हैं कान
गिड़गिड़ाते हैं पैर
अचानक गिर पड़ता हूँ मैं

यह गिरना मृत्यु में नहीं
सर्वभूतों को लाड़-प्यार से
आश्रय देती तेरी सुखद
अनंत विस्तृत गोद में है।
ढल गए माल अनगिनत
बन गया मैं पिता फिर दादा
दोपहर की कड़ी धूप में
कंकड़ तोड़ता हूँ मैं आज भी
तुम्हारे बेटे होंगे कार के मालिक
उनकी गाड़ियाँ जाएँगी इधर से
तीव्र गति से दिन-प्रतिदिन
वे फँस न जाएँ बालू में
कदाचित् मेरा मुँह पड़ जाएगा
उनकी गाड़ी के नीचे एक दिन
किंचित् आशा है मेरे मन में।
क्या सूनेपन के बगैर कुछ नहीं
स्थल-काल के इस चौराहे पर?

मात्र आभार

जीभ पर स्पंदित होता है आभार
तब मन में आते हैं अनोखे विचार
कटहल-पत्ते के दोने से
पी लेता हूँ माड़
तब रसना को मिलता है
दूध से बनाए व्यंजन का स्वाद।
मिला है एक फटा तौलिया
कमर में वह पहनते वक्त
होता है एहसास रेशम-कपड़ा
पहनने का सा मार्दव।
'मेटल' डाली है सड़क पर
कभी गिर जाता हूँ उधर
एहसास होता है तब
बिस्तर है चिकना
आँख मींच, उठता हूँ तुरंत।
बेहोशी में कहता हूँ
कुछ अनाप-शनाप बातें
वेद वाक्य सा सुनते हैं पार्षद।
दुश्मन की फटकार-बौछार
पड़ती है कान में

महसूस होता है तब
यह है मित्रों का कीर्तन
चढ़ बैठता हूँ बैलगाड़ी में
लगता है—यह है कांचन पुष्पक
वजह सोचता हूँ जब
तर जाता हूँ पसीने से
आँसू उभर आते हैं या
मोर पंख, नीचे उसके मृदु मुस्कान
जीभ पर स्पंदित होता है
इस क्षण में तेरा नाम
नहीं है कोई शिकायत किसी के प्रति
हे नित्यानंद पूर्णते, मेरे मन में
सबके प्रति है मात्र आभार।

हाथ का आँवला

बोल सखी, क्या सुनी तूने
मेरे मुँह से इस युग की चीख?
बोल सखी, क्या देखी तूने
मेरी आँखों में इस युग की कुरूप दारुण छाया?
बोल सखी, क्या तुझे महसूस हुआ
इस युग की बदबू मेरे श्वास में?
बोल सखी, क्या तेरी छाती ने पहचाना
इस युग का विस्फोट मेरी नसों में
बोल सखी, क्या चखा तूने
इस युग का कड़वापन मेरे अधरों में?

तो मैं क्यों चुप रहूँ उस
भीषण यथार्थ रहस्य अब भी?
गृभणामिते सौभगत्वाथा हस्त
रटा था मैंने यह मंत्र
पाणिग्रहण किया था तूने मेरा
तर गया था मेरा तन स्वेद से!
फूल-सा कोमल तेरे
जीवन के मृदुल दलों में
अनजाने मैंने नाखून से
कुरेद डाला प्रलोभन में।

वह स्वेद है आज भी मेरी
आत्मशक्ति में बन मोती किरीट
उज्ज्वल प्रभा चमक उठती है
तीव्र बोधांधकार में
अगर न मिलता वह आशीर्वाद
अतीत दु:ख से कहना पड़ता :
गृभणामी श्लोक आलाप कर
तेरा हाथ पकड़ा पुरुष
कोई भी अमूल्य स्यमंतक रत्न
कोई भी अपूर्व सौगंधिक पुष्प
प्राप्त करने की डींग मार
मूर्खता से क्वचित पुरुष
सौ बार चिता में जल राख बन
खड़ा है तेरे सामने
उन दिनों का गाना आज
मैं गा न सकता
तब बताया हास्य आज
पेश करने की पटुता आज
खो बैठा हूँ मैं प्रिये
आज आँसू निस्पंद हैं
आँख से थाह लेता हूँ मैं बातें स्पष्ट
मेरी हथेली में रखे आँवला सा
लगता है पूरा संसार
यह छोटा-सा फल दाबना
दाँत से जरा काटना
यह छोटा फल काटना
सब मुश्किल है अब मुझे।

सच है मापा होगा मैंने
एक कदम में मैंने पूरा संसार
आचमन किया होगा मैंने
सागर भर का पानी एक चुल्लू में

फिर भी सीख, निशाहीन
लाल-लाल अंगारे बरसते सूर्य में
बगैर हवा के शून्याकाश में
विप्रवास के दुःख में
जल गया मेरा प्राणहीन शरीर
बन गया कितना कुरूप
मात्र अवगत हूँ मैं बात से।

राख बने मेरे कर्मकांडों में
कौन-कौन सा तत्त्व
बना देता है मुझे धीर कहूँ?
तेरा रूप, रंग, स्वर
सुगंध बरसाता केश
हर दिन तुझमें खिल उठता
अनाद्यंत धन्य चैतन्य, नव्यप्रभात
तेरी थकान तेरे अश्रुकण
फिर तेरा पावन प्रार्थना भाव!

लय

वह गायक रहा भूखा
लगातार एक हफ्ते तक
नहीं मिला निमंत्रण उसे
अलापने के लिए गाना।
लेकिन गा रहा था वह
रहते समय अपनी झोंपड़ी में
जब होता था अकेला
पूरा विश्व सोता था आधी रात में।
जीवन मुक्ति के शिखरों पर
उड़ आई थी उसकी आवाज
पौ फटने तक चैन से
सो गया वह गिरने पर।
आया आठवाँ दिन सुबह
दरवाजा खोलते वक्त
देखा उसने खड़ा है सामने
एक आराधक मुस्कुराते हुए।
कहा उसने गायक से
आज रात को मेरे गाँव के मंच पर
आइए आप सुनाने को गाना
राह खर्च देने के लिए आगे बढ़ा हाथ।

बोला गायक—आऊँगा मैं
आपके गाँव में साँझ को
पैसा हाथ में रख देना
जब गाना मेरा पूरा होगा।
अनुरोध किया उसने
रखिए यह अपने पास
बंद हो गया वह द्वार
वह कान भी उसी प्रकार।
कृतार्थ था गायक
किंतु हताशा भी थी मन में
खिलते ही झड़ते
कोमल फूल-सा।
लौट आया संदेशवाहक
अब अपने गाँव।
प्रश्नकर्ताओं को दिया उत्तर
हुई थी भले ही कुछ हिचक।
आएगा वह बोला अपने
गाँववालों से कृत्रिम उत्साह से।
पहुँच गया गायक गाँव में
ठीक समय पर संध्या तक।
इकट्ठे हुए गाँववाले सहस्त्र
देखते रहे अपलक
प्रज्वलित थे कई दीपक
चमक उठा था मंच।
नम्र हो बैठ गया गंधर्व गायक
वाद्योपकरण वादक के सामने।
दाढ़ी नहीं बनाई थी
नहाया नहीं था एक हफ्ते तक
पहना था चिथड़ा
आती है बदबू उससे।
देखने में कंकाल
नसें उभरी खड़ी हैं

खड़ा हो गया कुछ समय बाद
खोला अपना दिव्य मुँह गायक ने
गाने लगा तो जड़-चेतन
सब स्तब्ध रहे कुछ भी
न हिला न डुला सभी गति शांत।
आसमान की नीलिमा भी जुड़ी
लाख आँखें खुल गईं
आत्म-विस्मृत थे सब
बहने लगे अश्रुकण आनंद के।
अचानक गायक ने वमन किया
खून आया मुँह से
गिर पड़ा कालीन पर
आँख बन गई निश्चल
मुँह बन गया वक्र।
किसी की नजर नहीं पड़ी
गायक की बुरी हालत
श्रोतागण पहले ही
पहले ही मृत है न?
सभा का ऐलान था
गाएगा वह आखिरी पल्लवी भी
इसके बाद ही बंद करेगा कंठ
सकपका गए सब इस वक्त
"शव से आती है न बदबू?
क्या मरने के बाद भी
क्या तू गा रहा था गायक?"

पारसमणि

कहाँ ओझल हो गए
बचपन में मेरी हथेली में
पड़े पारसमणि आज?
कोसों दूर पैदल चल आई
दुनिया ने दस्तक दी थी
मेरे दरवाजे पर
कोई भेद नहीं था उन दिनों
स्त्री, पुरुष, बच्चे, बुजुर्ग
आते थे इधर आह्लाद से
वे लाते थे लोहे की
सूई, कील, छूरी,
जाते थे वे वापस
बदल उन्हें सोने में
आज मुझे लगता है वह
दृश्य एकदम अजीबो-गरीब
उन दिनों इस इलाके में थे
मात्र टीले, पहाड़, सोना उगाती मिट्टी,
झाड़-झंखाड़ औ साँप।

धोती तर हो गई थी पानी में
बाँस का छोटा फाटक

पार करते वक्त
आते थे जो भी आदमी इधर
बगैर पड़े कीचड़ कपड़े में
चोट लगती थी उनके पैर में।
खून निकलता था उनसे
पार रोड़े जितने भी हों वे आते थे
हाँफते-सिसकते इधर
असंख्य आदमी थे थके-माँदे
नींद नहीं आई थी उन्हें
तकलीफ ज्यादा झेलकर
उनके आने की वजह क्या होगी?
यकीन किया था उन्होंने
मेरे पास रखे पारसमणि में,
बहुत ख्याति मिली थी उसे।
मगर तनिक भी पता नहीं था
मुझे उस अनमोल वस्तु की तासीर।
उनकी लाई लोहे की चीजें जब मैं
छूता हूँ क्षणभर में बदलती हैं वे सोने में,
अवाक् रह गया मैं!
कहाँ गायब हो गए
बचपन में मेरी हथेली में
पड़े पारसमणि आज?

अपनी चीज को सोना बनाने
आए आदमी लाते थे भेंट—
फल-वल कपड़े-गहने
कामना नहीं थी मेरे मन में
यों मिली थी ये भेंट तोहफे में
मिला था हल्का हर्ष
लेकिन न मिला पूर्ण संतोष
कभी-कभार मैंने छू लिया
अतिरहस्य में—सोचा तब

ये सारा लोहा बनेंगे सोना
मेरे छूने से निकलेगा नतीजा
बनूँगा मैं आज का बड़ा कुबेर!

जब लाते हैं दूसरे लोग
अपने पास के लोहे को
बदलते हैं वे क्षणभर में
मेरे अँगुली-स्पर्श से
मगर अपने पास का लोहा
छूने पर पड़ता नहीं कोई फरक
तब उमड़ आती है मेरे मन में
बड़ी निराशा, रोकना है मुश्किल
शुद्धि और पीला रंग
गुण ये अनिवार्य है न?

कहाँ गायब हो गए
बचपन में मेरी हथेली में
पड़े पारसमणि आज?

फिर सो गया मैं रात को
आँख मींचकर मैं जाग उठा
पौ फटते ही—देखा तब
काले-काले पुड़िए चौंक उठा मैं
दातुन करने निकला पता चला तब
नामोनिशान नहीं मुँह में दाँत का
नहीं सुनाई पड़ती औरों की बात
मैं अब लवलेश—चिंता में डूबा
बैठा रहा हाथ सिर पर रख
बरामदे में कई देर।
अकस्मात् कुछ विदेशी आए
कार से उतरे मेरे आँगन में
रातों-रात किसने बनाई इधर सड़क

मोजे, पतलून, कंठ लँगोटी पहने हैं
आते हैं सीधे बरामदे की ओर
पीछे आईं लॉरियाँ असंख्य
भर लोहे के छड़, अन्दाजा हुआ तब मुझे
झाँक रहे हैं मेरे पारसमणि की ओर वे
मेरा बुढ़ापा पूछने लगा
क्या वह है मेरे पास
मजबूर करने लगे वे "आप जरा
स्पर्श करें इन छड़ों को"
क्या जवाब दूँ मैं उनको
पसीने से तर हो गई मेरी सोच
पकी दाढ़ी फेरता रहा मैं
नागस्वर बजने के समान
सुनी मैंने अपनी नाड़ी-स्पंदन आवाज

कहाँ गायब हो गए
बचपन में मेरी हथेली में
पड़े तुम पारसमणि आज?

चेतावनी

दृश्यावलियाँ देखने जानेवालो
सही बात कहेंगे हम।
देखना चाहते हैं जो दृश्य आप
देख न पाएँगे जब उधर पहुँचेंगे।
देखने गया था मैं सागर
किंतु देख पाया सिर्फ लहरें
देखने गया था मैं जहाज
किंतु देख पाया सिर्फ़ प्रासाद
देखने गया था मैं जंगल
किंतु देख पाया सिर्फ पेड़ों की कतार
देखने गया था मैं गड्ढा
किंतु देख पाया सिर्फ बड़ा कुआँ
दृश्यावलियाँ देखने जानेवालो
सही बात कहेंगे हम
देखना चाहते हैं जो दृश्य आप
देख न पाएँगे जब उधर पहुँचेंगे।

चित्रगुप्त

कौन है यह, युधिष्ठिर है न?
आपके समान प्राप्त किया है नहीं
यह पारत्रिक आज तक
खतम नहीं होते उलट-पुलट कर
देख लिए कई पृष्ठ आपको
प्राप्त पुण्य का परिमाण
अब थक गया है मेरा हाथ
प्रवेश कर सकते हैं
पहले आप स्वर्ग में
सुनना है न पाप का हिसाब
गौण है वह पौने चार क्षण मात्र
स्वर्ग का जीवन समाप्त होगा
दिन में ही मानना है वह बात हम?

ठीक है, मजबूर करते हैं तो
खोल दूँगा मैं नरक का द्वार पहले
किंतु याद रखना मात्र पौने चार क्षण
स्वर्ग जीवन प्राप्त दुर्योधन भी
चाहता है वह पहले क्या करे
आँसू में प्रज्वलित मुस्कान
क्या सिर्फ यही है आपका
उत्तर बोलिए महात्मा?

○○○